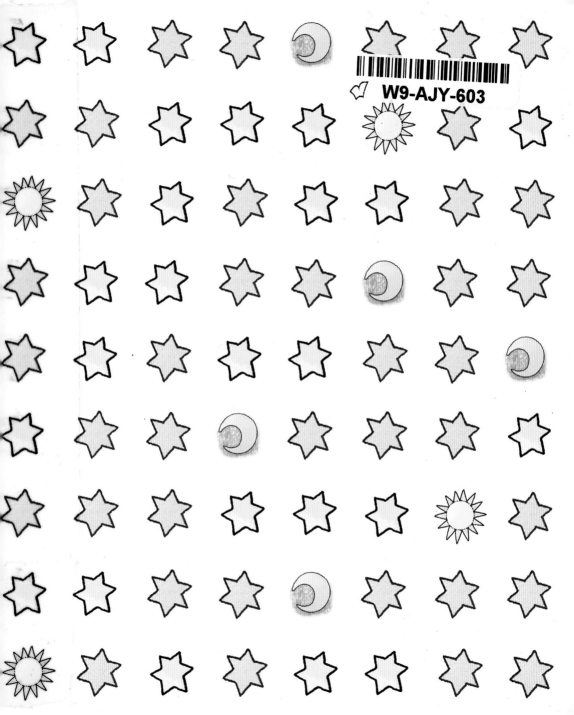

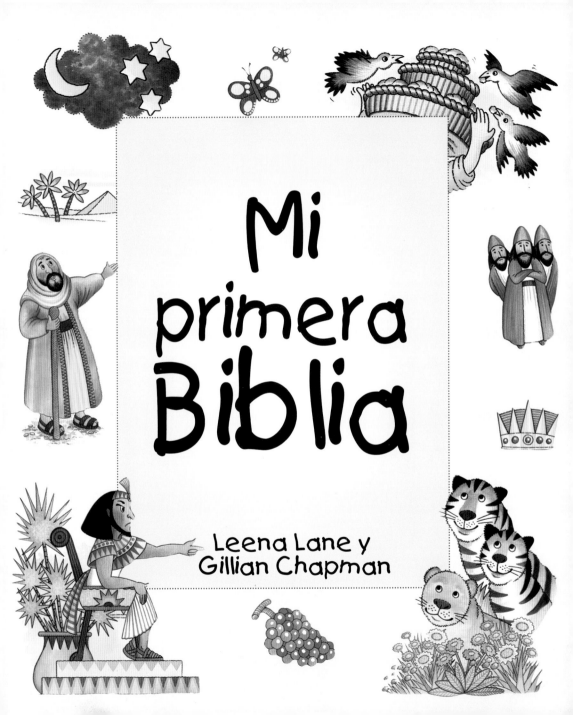

Mi primera Biblia

Leena Lane y
Gillian Chapman

Contenido

El Antiguo Testamento

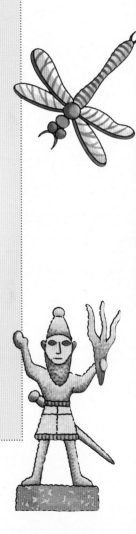

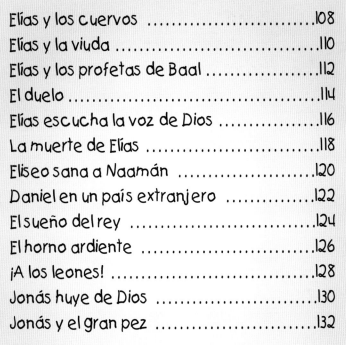

El Nuevo Testamento

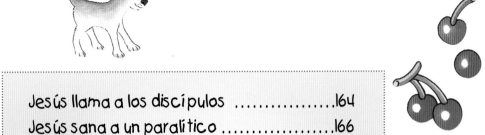

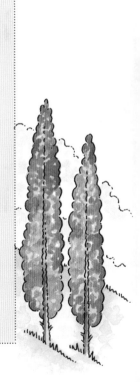

El Antiguo Testamento

En el principio

Hace mucho, mucho tiempo, en el principio, Dios creó el mundo.

Dios hizo la luz y las tinieblas.

Dios hizo las montañas altas e inmensas.

Dios hizo los mares azules y los océanos.

Dios hizo girar la Tierra, hizo resplandecer el ardiente sol y brillar la luna plateada. Dios hizo las estrellas titilantes y los misteriosos planetas.

16

Dios hizo las plantas y los árboles

La Tierra se veía oscura y vacía.

Entonces Dios mandó que crecieran plantas y árboles. Hizo árboles altos con tronco y ramas, hojas, frutas y semillas. Hizo pequeños arbustos, hierbas, cactus espinosos y cocoteros de gran follaje.

Dios vio lo que había hecho y afirmó que era bueno.

Dios hizo los peces y los animales

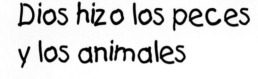

Dios llenó los mares y océanos con peces inquietos, majestuosas ballenas que despiden chorros de agua y pulpos ondulantes.

Dios llenó el cielo arriba con aves hermosas: La gran águila que se eleva hasta la cima de las montañas, el esplendoroso martín pescador que vuela con rapidez cerca del agua. Las canciones de todos llenaron la tierra: Trinos, gorjeos y graznidos.

Dios hizo animales de cada
especie: Altos y bajos,
peludos y espinosos,
pelados, manchados y
decorados. Andaban
libres por todas partes y
comían plantas y
hierbas verdes y
frondosas.

Adán y Eva

Luego Dios dijo: "Haré a las personas".

Dios hizo a Adán y a Eva, un hombre y una mujer. Ellos podían pensar, sentir y amar. Dios quería que fueran sus amigos. Les pidió que cuidaran a los animales.

Dios hizo un hermoso huerto llamado Edén para que ellos vivieran. Dios estaba muy contento con todo lo que había hecho. Todo era muy bueno.

Adán y Eva desobedecen

Dios le dijo a Adán: "Puedes comer del fruto de cualquier árbol del huerto, pero no comerás del árbol del conocimiento del bien y del mal. Si comes de ese árbol, morirás".

Pero la serpiente le dijo a Eva: "En realidad no morirás. Pruébalo. ¡Es delicioso!"

Entonces Eva tomó el fruto y lo probó. Luego le dio un poco a

Adán. Él también lo probó. Adán y Eva desobedecieron las normas de Dios.

Dios estaba muy enojado y los sacó del huerto de Edén para siempre.

23

Noé y su familia

Noé era un hombre bueno. Él escuchaba a Dios.

Noé tenía una esposa y tres hijos: Sem, Cam y Jafet.

Por desdicha, el mundo ya no era el lugar bueno que Dios había creado.

Había mucha maldad en el

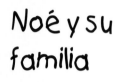

24

mundo. Las personas peleaban entre sí. Dios estaba triste. Le contó a Noé sus planes. Dios iba a enviar un gran diluvio que cubriera toda la tierra.

25

Noé construye el arca

Dios le dijo a Noé
que construyera un
gran barco de
madera llamado arca:
"Consigue buena

madera para construir el arca. Cúbrelo con brea por dentro y por fuera. Ponle un techo encima y construye habitaciones adentro. A un lado instala una puerta. Cuando venga el diluvio, estarás seguro".

Noé hizo lo que Dios le mandó. Las personas observaban y estaban extrañadas. ¡Hasta se rieron de él! ¿Para qué construía un barco si estaba tan lejos del mar?

Los animales entran en el arca

Dios quería que hubiera animales en la tierra después del diluvio.

Entonces Dios le dijo a Noé que llevara animales, aves y reptiles al arca, macho y hembra de cada especie.

Dios dijo: "Enviaré lluvia durante cuarenta días y cuarenta noches, y un gran diluvio cubrirá todo ser vivo que hay en el mundo".

Solo Noé, su familia y los animales estarían a salvo dentro del arca.

Comida en el arca

Dios le dijo a Noé que almacenara
suficiente comida para alimentar a
todos los animales en el arca, y
también para su familia. ¡Eso era
mucha comida!

Noé y sus hijos trabajaron
mucho para tener todo listo.

Recolectaron la comida que producía la tierra y la guardaron en el arca. Cuando viniera el diluvio ya no habría más comida hasta que todo volviera a crecer nuevo y fresco.

¡Cae el diluvio!

Cuando el arca estuvo lista, Noé y su familia entraron en ella. Dios cerró la puerta.

Entonces la lluvia comenzó a caer. Llovió y llovió durante cuarenta días y cuarenta noches.

Primero el agua cubrió la tierra y luego los árboles. ¡En poco tiempo las cimas de las montañas quedaron cubiertas con agua!

Nada quedó con vida sobre la tierra, aparte de Noé y su familia y los animales del arca. Dios los cuidó.

Dentro del arca

Dentro del arca estaban seguros y calientes. Noé y su familia escuchaban como la lluvia golpeaba en el techo.

Vieron que el agua rodeaba el arca por todas partes.

Los animales hacían ruido, en especial a la hora de comer. Pero había suficiente comida para todos.

Ahora solo debían esperar a que dejara de llover.

La promesa del arco iris

Por fin la lluvia cesó. ¡Apareció la tierra seca!

El arca se detuvo sobre los montes de Ararat.

Noé salió del arca. Alabó a Dios por haber salvado a su familia.

Dios puso un hermoso arco iris en el cielo como una promesa de que jamás volvería a enviar otro diluvio que inundara toda la tierra.

36

37

La torre de Babel

Cuando la tierra volvió a llenarse de personas, decidieron edificar una ciudad. Aprendieron a cocer ladrillos en el sol y a unirlos con brea.

"¡Construyamos una torre que llegue hasta el cielo!" —dijeron—. "Todo el mundo sabrá que somos muy importantes".

Pero Dios conocía sus planes. Sabía que se olvidaban de Él.

Así que Dios confundió sus idiomas. ¡Ya no podían entender lo que decían! Todo lo que decían parecía ruido y nada más.

Dios dispersó a las personas por toda la tierra y ellos dejaron de construir la ciudad.

La promesa de Dios a Abraham

Abraham era un hombre bueno.

Dios prometió que la familia de Abraham sería muy importante. El problema era que Abraham y su esposa Sara no podían tener hijos.

"¡Abraham!" —le dijo Dios—, "mira las estrellas y trata de contarlas. Tendrás tantas personas en tu familia como el número de estrellas que ves".

Abraham creyó la promesa especial de Dios. Estaba dispuesto a esperar.

En efecto, cuando Abraham tenía noventa y nueve años, la promesa de Dios se cumplió.

Abraham y Sara estaban tan felices. Ellos llamaron a su hijo "Isaac", que significa "risa".

La bondad de Rebeca

Rebeca era una joven hermosa. También era muy amable. Todos los días ella sacaba agua del pozo para su familia.

Una tarde, ella vio a un hombre de pie junto al pozo con diez camellos.

Rebeca se ofreció a darle agua para beber al hombre y a sus camellos. Dios le había dicho al hombre que esta sería la señal de que esta joven sería la esposa para Isaac.

42

Entonces el hombre sacó de su bolsa un hermoso anillo y brazaletes, y se los puso a Rebeca. ¡Ella nunca había visto algo tan fino!

"Llévame a la casa de tu padre" —le dijo él.

Entonces se fueron a ver a la familia Rebeca. El hombre dijo que había venido a buscar una esposa para Isaac, el hijo de Abraham. Preguntó si Rebeca desearía ser la esposa de Isaac. Ella estuvo de acuerdo y al día siguiente se fue para casarse con Isaac.

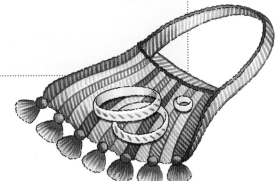

Isaac y Rebeca tienen mellizos

Isaac y Rebeca eran muy felices juntos.

Después de algunos años, tuvieron dos hijos mellizos que se llamaron Esaú y Jacob.

Aunque eran mellizos, los niños eran muy diferentes.

Esaú tenía cabello rojo y era muy velludo. A él le gustaba cazar y estar fuera con su arco y sus flechas.

Jacob tenía la piel suave. A él le gustaba estar en casa.

Cocinaba muy bien y

44

preparaba sopas deliciosas y estofados para su familia.

Esaú nació primero. Eso significaba que cuando muriera su padre Isaac, Esaú recibiría todo lo que era de su padre y una bendición especial.

En secreto, Jacob quería recibir la bendición de su hermano y tener todo lo que era de su padre. De modo que planeó una treta maliciosa...

Jacob y Esaú

Un día, Esaú llegó a casa después de salir de cacería. Tenía mucha hambre. Alcanzó a oler la deliciosa sopa que Jacob preparaba.

—¡Dame ese guiso rojo! —dijo Esaú.

—Solo si prometes que me dejarás recibir todo de mi padre como si yo fuera el mayor —dijo Jacob.

A Esaú solo le importaba su estómago hambriento.

—Está bien —dijo—. ¡Pero dame ya esa sopa!

Años después, Jacob también engañó a su padre

46

cuando estaba a punto de morir.

Se vistió con pieles de cabra para que su piel se sintiera velluda, como la de su hermano. Su anciano padre no podía ver bien y pensó que era Esaú, así que le dio la bendición especial. Esaú se puso furioso cuando lo descubrió.

Jacob huyó lejos de su casa. Pasaron años hasta que regresó y le pidió perdón a Esaú por aquella treta con que lo había engañado.

José y sus hermanos

Abraham creyó que Dios cumpliría su promesa y le daría una gran familia.

Dios cumplió su promesa.

Jacob, el nieto de Abraham, tenía una familia muy grande. Tuvo doce hijos y una hija. Vivía con su familia en la tierra de Canaán.

Los hijos de Jacob cuidaban las ovejas y las cabras de su padre.

Los hijos de Jacob se llamaban Rubén, Simeón, Leví, Judá, Isacar, Zabulón, Dan, Neftalí, Gad, Aser, José y Benjamín.

De todos sus hijos,

48

Jacob amaba a José más que a todos.
José era el hijo preferido de Jacob.

49

50

La nueva túnica de José

Cuando José tenía diecisiete años, su padre Jacob le dio un regalo muy especial. Le dio una espléndida túnica nueva.

José se sentía muy orgulloso de su túnica nueva. Se pavoneaba frente a todos sus hermanos, y decía: "¡Mírenme! ¡Miren lo que me dio mi papá!"

Pero los hermanos de José estaban celosos.

"¿Por qué papá ama a José más que a nosotros?" —murmuraban.

"¿Por qué no nos dieron túnicas como esa?" —se quejaban.

Parecía que José no les prestaba atención. Él solo pensaba en su túnica.

Los sueños de José

Una noche, José tuvo un sueño muy extraño. Soñó que había once manojos de espigas que se inclinaban ante su propio manojo.

Luego soñó que veía once estrellas, el sol y la luna, ¡y que todos se inclinaban ante él!

José le contó a su familia todos sus sueños. Pero esto enojó mucho a sus hermanos.

"¿Por qué se cree José más importante que nosotros?" —preguntaban.

"¿Piensas que serás rey y gobernarás sobre nosotros, José?" —se burlaban.

Los hermanos de José le tenían mucha envidia.

José es vendido como esclavo

Un día en que todos los hermanos estaban afuera en el campo cuidando las ovejas, idearon un plan malvado para librarse de José. ¡Ya estaban hartos de escuchar sus historias sobre manojos y estrellas que se inclinaban ante él!

Cuando José vino a verlos, lo arrojaron en un pozo vacío. Planeaban dejarlo allí hasta que muriera, pero en ese momento pasó un grupo de mercaderes ambulantes. Iban de camino a Egipto. Sin tardar, los hermanos cambiaron los planes y vendieron a José a los mercaderes.

¡Lo llevaron como un esclavo!

Los hermanos le dijeron a su padre que a José lo había matado un animal salvaje. Pensaron que jamás volverían a ver a José.

Pero Dios tenía otros planes para José.

55

José entiende los sueños

José trabajaba muy duro en Egipto para su nuevo amo, Potifar, el capitán de la guardia. Pero la esposa de Potifar dijo mentiras acerca de José, ¡y él terminó en la cárcel!

En la cárcel, José conoció al jefe de los panaderos y al jefe de los coperos del rey. Una noche, ambos tuvieron sueños muy extraños. José entendió los sueños.

El jefe de los coperos habló primero: "En mi sueño había una vid con tres ramas. Las uvas maduraron y yo las exprimí en la copa del rey, y se la di a beber".

José le dijo gustoso que en tres días sería liberado de la cárcel.

Después habló el panadero, pero su sueño no tenía un final feliz.

—Yo llevaba tres canastas con manjares de pastelería. Unos pájaros se abalanzaron sobre ellas ¡y se lo comieron todo! —contó el panadero.

José se entristeció.

—Siento mucho decirte que nunca te pondrán libre —le dijo—. ¡El rey planea ejecutarte en tres días!

Tres días después, los sueños se cumplieron ¡tal como José lo había dicho!

José ayuda al faraón

Dos años después, el rey de Egipto comenzó a tener sueños extraños que nadie podía entender. Entonces el copero, a quien José ayudó en la cárcel, se acordó de José y le contó al faraón todo lo que sabía de él.

Llevaron a José ante el gran rey de Egipto.

—Su majestad, ¡cuénteme sus sueños! —exclamó José.

—Yo estaba junto al río cuando siete vacas gordas salieron del río para comer —relató el rey—. De repente, llegaron siete vacas flacas ¡y se las comieron! ¡Pero seguían

58

tan flacas como antes!
Luego soñé que veía siete
espigas hermosas, ¡que
luego eran devoradas por
siete espigas marchitas!
¿Qué significa todo eso?
José le dijo al rey que
vendría un tiempo de mucha
hambre en la tierra. Tenía que
almacenar comida durante
siete años para alimentar al
pueblo, porque después no
habría comida en los siete años
siguientes.

El rey estaba contento y le
encargó a José almacenar la
comida para Egipto.

59

Juntos otra vez

Un día, los hermanos de José llegaron a Egipto para pedir comida. Ya no quedaba alimento en Canaán.

Ellos no reconocieron a su hermano José. Ahora José se veía como un hombre muy importante. Tenía una cadena de oro del rey en su cuello.

Ellos le rogaron que les diera comida para llevar a su padre en la casa que tenían en Canaán.

Cuando José les dijo quién era en realidad, ellos le pidieron perdón por lo que habían hecho contra él hacía muchos años.

La familia volvió a reunirse. Jacob, el padre de José, vino a Egipto para vivir allí hasta el final de sus días.

El bebé en la canasta

Moisés nació en Egipto durante el gobierno de un rey malvado. El rey había esclavizado al pueblo de Dios. El rey tenía miedo del pueblo de Dios. ¡Mandó que lanzaran al río Nilo a todos sus bebés varones!

Una madre trató de salvar a su bebé. Hizo con cañas una canasta y la pintó con brea. Con ternura puso a su hijo en la canasta y lo escondió entre los juncos al lado del río. La hermana del bebé, María, se escondió cerca y vigiló la canasta.

La princesa de la corte del rey bajó al río para bañarse y escuchó llorar al bebé. Lo sacó de la canasta. Ella quería ayudar al bebé. María salió de su escondite entre los juncos.

"¡Yo sé quién puede alimentar al bebé!" —le dijo a la princesa.

Ella fue a traer a su mamá. Así que a Moisés lo cuidó su propia madre. Cuando creció, fue a vivir al palacio con la princesa.

Moisés huye

Cuando Moisés era mayor, vio cómo el rey trataba con crueldad a su pueblo.

Una vez vio que un egipcio golpeaba a un esclavo. Moisés se puso furioso. Echó un vistazo para ver si alguien lo miraba, luego atacó y mató al egipcio. Moisés lo sepultó en la arena.

Al día siguiente, Moisés vio que dos esclavos peleaban y trató de separarlos. Uno de ellos dijo: "Oye, ¿ahora vas a matarme como mataste ayer al egipcio?"

Moisés se asustó mucho al ver que sabían lo que antes había hecho. Moisés huyó lejos del palacio del rey, a una tierra que se llamaba Madián.

La zarza ardiente

Moisés se convirtió en pastor de ovejas. Un día vio algo muy extraño: Una zarza que ardía en fuego. Las llamas envolvían las ramas secas y las hacían crujir, ¡pero la zarza no se quemaba! En realidad, ¡era el Ángel del Señor!

Escuchó una voz que salía de la zarza: "¡Moisés! ¡Moisés!"

Moisés se estremeció y se acercó a la zarza. "¿Será posible que Dios me hable?"

Dios dijo: "Quítate las sandalias. Estás sobre tierra santa".

Moisés se cubrió el rostro.

"Yo soy el Dios de tu padre, el Dios de

Abraham, el Dios de Isaac y el Dios de Jacob" —dijo el Señor—. "He oído el clamor de mi pueblo que pide ayuda. Quiero que vuelvas ante el malvado rey y saques a mi pueblo de Egipto. Yo les daré una tierra propia, nueva y llena de cosas buenas".

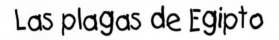

Las plagas de Egipto

Moisés se presentó ante el rey, pero él no quería que el pueblo se fuera de Egipto. Entonces Dios envió terribles plagas para que el rey cambiara de opinión.

El agua del río Nilo se volvió sangre. Luego ¡cientos de ranas croaban y saltaban en las casas y en las camas de todos! En seguida vinieron piojos y

68

moscas que zumbaban. Las casas de los egipcios se vieron invadidas por ellos.

Todas las vacas y ovejas murieron. Después, todos los egipcios se llenaron de úlceras y su piel se inflamó. Con todo, el rey no cambió de opinión.

El granizo golpeó la tierra, vinieron langostas y devoraron los cultivos. La oscuridad invadió toda la tierra y nadie podía ver.

Pero la última plaga fue la más terrible. Moisés le advirtió al rey que todos los niños primogénitos de Egipto morirían en una noche.

69

La fiesta de la Pascua

Moisés le dijo al pueblo de Dios que se preparara.

"Tomen un cordero, sacrifíquenlo y pongan sangre del animal en los postes de la casa" —dijo—. "Asen el cordero al fuego y coman la carne con hierbas amargas y pan sin levadura. Esta es la Pascua".

Aquella noche, la muerte vino sobre Egipto. Todos los niños y animales primogénitos de los egipcios murieron. El hijo del rey también murió.

Pero la muerte pasó de largo por las casas del pueblo de Dios. Él los salvó.

El rey llamó a Moisés y le dijo: "¡Váyanse! ¡Salgan de Egipto! Tomen sus animales y salgan como lo han pedido".

El rey decidió por fin dejar ir al pueblo.

Moisés cruza el Mar Rojo

Moisés guió al pueblo de Dios fuera de Egipto, donde habían sido esclavos. Pero mientras acampaban de noche cerca del Mar Rojo, ¡vieron de repente los carros y jinetes del rey que venían contra ellos! ¡Otra vez el rey había cambiado de opinión!

Moisés dijo: "¡No tengan miedo! Dios nos ayudará".

Dios le mandó a Moisés que caminara hacia el Mar Rojo con su vara en alto.

Un fuerte viento sopló e hizo retroceder el agua. Apareció un camino en tierra seca.

Moisés guió a su pueblo a lo largo del

"Recuerden el día de descanso que les doy al final de la semana.

"Amen a su madre y a su padre, y presten atención a sus palabras.

"No conspiren para matar a alguien.

"Sean fieles a su esposo o esposa.

"No roben.

"No digan mentiras acerca de otras personas.

"No codicien lo que otros tienen".

Se escuchó un estruendo como sonido de trompeta y las leyes fueron escritas en tablas de piedra. Se llaman los Diez Mandamientos.

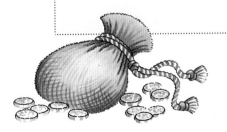

El tabernáculo

Pasaron muchos años antes de que los israelitas llegaran a la tierra que Dios les había prometido.

Cuando iban de camino, Dios le habló muchas veces a Moisés. Le ordenó construir el tabernáculo, un lugar santo donde las personas pudieran adorar a Dios.

El tabernáculo era una tienda especial. Aarón, el hermano de Moisés, fue nombrado sumo sacerdote. Solo él podía entrar al lugar más santo del tabernáculo.

Se fabricaron utensilios especiales para el tabernáculo: Un candelabro de oro y el arca del pacto. Este último era un cofre sagrado que contenía las tablas de piedra con las leyes que Dios le entregó a Moisés en el Monte Sinaí.

El tabernáculo de Dios era un lugar muy sagrado. Las personas iban allí a pedirle perdón a Dios por todo lo malo que hacían y a pedir su bendición.

Josué es el nuevo líder

Dios llevó a Moisés a la cima de una montaña. Desde allí podía ver a lo lejos una tierra nueva. ¡Era la Tierra Prometida!

Pero Moisés nunca pudo estar allí. Él murió.

Dios eligió a Josué para que continuara el viaje hacia la Tierra Prometida. Dios le dijo a Josué:

"Moisés murió. Tú y todo mi pueblo deben cruzar el río Jordán para llegar a la tierra que he prometido darles. Estaré contigo como estuve siempre con Moisés. Nunca te dejaré. Tienes que ser valiente".

Josué les ordenó a los oficiales del pueblo que se prepararan para cruzar el río.

Los sacerdotes iban primero, con el arca del pacto que había en el tabernáculo a cuestas. El agua del río se detuvo y el pueblo lo cruzó como si fuera tierra seca. Fue un milagro.

Josué y el muro de Jericó

Para poseer la Tierra Prometida, el pueblo de Dios tenía que cruzar la ciudad de Jericó.

La ciudad tenía unos muros gigantescos y muy anchos. Parecía imposible atravesarlos. Pero Dios tenía un plan.

Dios le mandó a Josué que eligiera siete sacerdotes con trompetas hechas de cuernos de carnero. Les ordenó que marcharan alrededor de la ciudad una vez al día durante seis días, tocando sus trompetas, y que delante llevaran el arca del pacto.

Al séptimo día, los sacerdotes tenían que dar seis vueltas. Luego, en la séptima vuelta, los sacerdotes tocaron con gran fuerza sus cuernos, el pueblo gritó y... los imponentes muros de Jericó se desplomaron.

Dios les entregó la ciudad.

La victoria de Gedeón

Años después, cuando Josué murió, el pueblo de Dios comenzó a apartarse del Señor y de sus mandamientos. Entonces Dios envió jueces que guiaran al pueblo. Uno de los jueces fue Gedeón.

Gedeón fue elegido para dirigir un ejército. Él sabía que Dios estaba de su lado y lo ayudaría. El pueblo tenía que pelear contra el poderoso ejército madianita.

A cada soldado le entregó una trompeta de cuerno de carnero y un cántaro con una antorcha encendida adentro.

"Esto es lo que deben hacer" —dijo.
"Cuando llegue al límite del campamento, miren con atención y hagan lo mismo que yo. Cuando yo toque mi trompeta, toquen ustedes también y griten: ¡Por el Señor y por Gedeón!"

Así que Gedeón y sus hombres llegaron hasta el campamento enemigo a media noche. Tocaron sus trompetas y rompieron los cántaros que llevaban. Todos los demás soldados hicieron lo mismo.

Rompieron sus cántaros, tocaron sus trompetas y gritaron: "¡Por el Señor y por Gedeón!"

¡El ejército enemigo salió corriendo! Dios ayudó a Gedeón a ganar la batalla.

86

La fuerza de Sansón

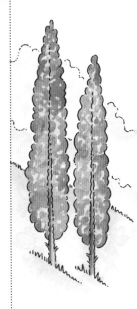

Dios le dio mucha fuerza a Sansón. Él podía matar a un león con sus propias manos. Sansón tenía el cabello muy largo y peinado con siete trenzas. Si se cortaba el cabello perdería su fuerza. Pero eso era un secreto...

Los filisteos eran enemigos del pueblo de Dios. Querían descubrir el secreto de la fuerza de Sansón. Así que le pagaron a una mujer llamada Dalila para que descubriera el secreto.

Dalila le preguntó a Sansón muchas veces. Al fin Sansón le contó el secreto acerca de su cabello.

Dalila le contó a los filisteos y cuando Sansón estaba dormido, ¡le cortaron el cabello! Los filisteos capturaron a Sansón y lo arrojaron en la cárcel.

Pero el cabello de Sansón volvió a crecer...

A Sansón lo ataron con cadenas. Un día, mientras los filisteos se reunían en su templo, Sansón empujó con toda su fuerza las columnas del templo.

De nuevo, Dios le devolvió la fuerza a Sansón.

El templo se derrumbó y todos los filisteos fueron aplastados por las grandes columnas.

Rut

Noemí estaba triste. Había dejado su hogar para buscar alimento en otro país porque hubo hambre en Israel, pero su esposo y sus hijos habían muerto. Ella quedó sola, a excepción de Rut y Orfa, las esposas de sus hijos.

Noemí se preparó para viajar de regreso a su casa. Rut fue muy amable y no abandonó a Noemí.

"A donde tú vayas, iré yo" —dijo Rut—. "Tu pueblo será mi pueblo, y tu Dios será mi Dios".

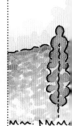

Rut trabajaba duro todo el día, recogiendo las espigas que sobraban en los campos que estaban en cosecha. Hizo pan para alimentar a Noemí y también para ella.

Booz, el dueño de los campos, observó a Rut y vio lo amable y buena que era con Noemí. Al poco tiempo, ¡Booz le pidió a Rut que se casara con él! Ellos tuvieron un bebé al que llamaron Obed.

Con ternura, Noemí tomó en sus brazos a su nieto, Obed. Aunque estuvo muy triste un tiempo, ahora Dios le había dado gran felicidad.

Samuel escucha a Dios

Samuel era un niño que vivía en el templo. Le ayudaba a Elí, el sacerdote, a cuidar el candelabro. Una noche, mientras Samuel dormía, escuchó una voz que lo llamaba: "¡Samuel! ¡Samuel!"

Samuel corrió a ver a Elí.

—Aquí estoy. Me llamaste —le dijo.

—¡Yo no te llamé! —respondió Elí y lo mandó a regresar a su cama.

Luego Samuel escuchó de nuevo la voz.

92

Corrió deprisa a buscar a Elí.

—¡Aquí estoy! —dijo.

—No, ¡yo no te llamé! —dijo Elí.

Esto sucedió por tercera vez.

Entonces Elí comprendió que era Dios quien llamaba a Samuel y le dijo: "La próxima vez que escuches la voz, responde: Aquí estoy, Señor, tu siervo escucha".

Samuel volvió a su cama y escuchó de nuevo la voz de Dios.

Samuel hizo lo que le dijo Elí y escuchó a Dios con atención. El Señor le dijo muchas cosas. A la mañana siguiente Samuel le contó a Elí todo lo que Dios le había dicho.

Samuel era un niño pequeño, pero Dios lo había escogido para que fuera su mensajero especial.

David el niño pastor

David era un niño pastor. Cuidaba las ovejas de su padre en las montañas. Las llevaba a pastos frescos para que comieran y a corrientes de agua limpia donde podían beber.

Si una de las ovejas se perdía, David iba y la buscaba por todas partes hasta encontrarla.

A veces enfrentaba peligros. Los animales salvajes trataban de arrebatar las ovejas y los corderos. Si un león o un oso trataban de llevarse a una oveja del rebaño, David lo mataba. Él era muy valiente.

David tocaba el arpa y cantaba canciones para Dios.

Dios tenía un plan para David. Le dijo a Samuel que ungiera a David para que fuera el nuevo rey de Israel.

David toca música para el rey Saúl

El rey Saúl vivía muy perturbado desde que desobedeció las órdenes de Dios. Con frecuencia se sentía muy mal.

Sus sirvientes pensaron que escuchar música podría ayudarlo.

Un siervo dijo: "Hay un jovencito en Belén que toca muy bien el arpa. Se llama David. Él cuida las ovejas de su padre".

Saúl les pidió que trajeran a David. Saúl

no sabía que David había sido ungido por Samuel para ser el nuevo rey.

El rey Saúl escuchó a David tocar el arpa y la música lo ayudó a sentirse mejor.

"Quédate aquí" —le dijo a David—. "Quiero escuchar más".

Entonces David se quedó con el rey. Cada vez que el rey se sentía mal, David tocaba música hermosa con su arpa.

David y Goliat

¡Goliat era un verdadero gigante del ejército filisteo! Ningún soldado del ejército del rey Saúl se atrevía a enfrentarlo.

Entonces un día, David dejó sus ovejas para llevarle comida a sus hermanos que eran soldados.

David escuchó gritar a Goliat: "¿Quién peleará conmigo?"

"¡Yo pelearé con él!" —dijo David—. "¡Dios me ayudará!"

98

David fue al río y escogió cinco piedras lisas. Sacó su honda y salió a enfrentar a Goliat. Con un rápido giro de su muñeca, le dio vueltas a la honda alrededor de su cabeza y le lanzó una de las piedras a Goliat. ¡La piedra golpeó a Goliat en la frente y murió al instante!

Los filisteos huyeron, pues el ejército del rey Saúl los persiguió. Todos aplaudieron a David que derrotó con valentía al gigante.

David se convierte en rey

El rey Saúl tenía celos de David porque era muy famoso. Trató de matar a David. Él tuvo que esconderse de Saúl por mucho tiempo. Se escondió en el país de los filisteos, pues sabía que el rey Saúl no lo buscaría allá.

Los filisteos eran los enemigos del rey Saúl. Ellos querían matarlo a él y a sus hijos.

Dios vio que el rey Saúl ya no le obedecía ni gobernaba de tal forma que lo glorificara.

Los filisteos siguieron al rey Saúl. Tanto él como sus hijos murieron en la guerra.

David se puso muy triste al enterarse de esto. Él había sido un buen amigo de Jonatán, el hijo de Saúl. David lloró.

Sin embargo, habían pasado muchos años desde que Samuel ungió a David. Ya era hora de que fuera el rey.

David fue un gobernante muy poderoso del pueblo de Dios. Peleó con valentía contra sus enemigos. El pueblo celebraba al verlo pasar en su imponente caballo.

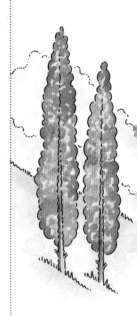

101

La sabiduría de Salomón

Dios le dijo al rey Salomón que le pidiera lo que quisiera. "Por favor, ayúdame a saber lo que es justo y lo que no lo es" —dijo Salomón. Al poco tiempo, dos mujeres vinieron a

ver al rey Salomón. Ellas peleaban por un bebé.

Cada una decía que era la madre del bebé. Salomón ideó la manera de conocer la verdad.

—Traigan una espada —ordenó—, y corten al bebé en dos.

—Sí —dijo una mujer—. Así al menos tendrá algo cada una.

—¡No! —gritó la otra—. No le hagan daño al bebé. Dejen que la otra mujer se quede con él.

El rey Salomón supo de inmediato que la verdadera madre del bebé no quería que le hicieran daño. Salomón le entregó su bebé.

Dios le ayudó a Salomón a tomar una decisión sabia.

El rey Salomón edifica el templo

Salomón, el hijo del rey David, se convirtió en rey después de la muerte de su padre. Él amaba a Dios y quería construirle un templo espléndido en Jerusalén. Sería un lugar especial donde todos podrían adorar a Dios.

Salomón mandó a treinta mil hombres de todo Israel a cortar árboles en el Líbano y traer la madera para el templo. Luego, miles de hombres prepararon la madera y la piedra. Sería el edificio más grandioso que Israel hubiera visto jamás.

El interior del templo estaba cubierto con páneles de madera de cedro. Dentro del templo, Salomón instaló el lugar santísimo. Allí se guardaría el arca del pacto. Salomón recubrió el interior del lugar santísimo y del templo con oro puro. Hizo grandes ángeles de madera de olivo que guardaran la habitación interior.

Salomón tardó siete años en la construcción del templo. Nunca había existido un edificio más hermoso en Jerusalén.

Elías y el rey Acab

Elías era un profeta. Dios le hablaba a menudo y Elías siempre escuchaba. Dios lo envió a comunicarle mensajes al pueblo de Israel.

En esta época Israel era gobernado por el rey Acab. Hubo muchos reyes en Israel después del rey Salomón, unos buenos y otros

malos. Acab fue un rey malo.
Dios le dio a Elías un
mensaje para el rey.
Elías sabía que tenía
que ir ante el rey Acab y hablar
con firmeza.

"¡Acab!" —dijo Elías—.
"Habrá una terrible
sequía. No caerá lluvia
durante muchos años.
Solo lloverá cuando
Dios lo diga".

Elías y los cuervos

Elías estaba en gran peligro.
Al rey Acab y a su esposa les disgustó lo que los profetas de Dios dijeron, así que intentaron matarlos.

Dios le dijo a Elías que debía huir hacia el oriente y esconderse en el arroyo de Querit. Dios dijo que le daría a Elías todo lo necesario.

"He mandado a los cuervos que te alimenten" —dijo Dios.

En efecto, los cuervos le trajeron pan y carne a Elías cada mañana y cada tarde.

108

Elías tomó el
agua fresca del
arroyo hasta que
se secó.
Dios ayudó a
Elías a
permanecer
vivo y bien.

Elías y la viuda

Cuando el agua del arroyo se secó, Dios mandó a Elías a Sarepta, donde lo ayudaría una viuda.

La viuda tenía muy poca comida. Ella vivía con su pequeño hijo. Ambos tenían mucha hambre. A pesar de esto, ella ofreció darle a Elías todo lo que le quedaba: Un puñado de harina en una tinaja y un poco de aceite.

Elías le dijo a la viuda que preparara un pequeño pan para él.

"Primero hornea un pan para mí y luego para ustedes. Dios me ha dicho que la tinaja de harina nunca estará vacía y que la jarra de aceite nunca se secará, ¡hasta que vuelva a llover!" —dijo Elías.

110

Esto fue exactamente lo que sucedió.
Fue así como el Señor suplió todas las
necesidades de Elías.

Elías y los profetas de Baal

Tres años después, Dios le dijo a Elías que fuera a ver al rey Acab.

Elías le habló a Acab con valentía: "Tú has abandonado a Dios para adorar a otros dioses como Baal".

Elías sabía que solo su Dios, el Dios de Israel, era verdadero y capaz de contestar la oración.

"Te propongo un duelo en el Monte Carmelo para ver quién es el Dios verdadero" —dijo—. "Consigue dos bueyes. Los profetas de Baal tomarán uno y lo pondrán sobre su altar. Yo tomaré el otro y lo pondré sobre un altar para el Señor. Entonces los profetas de Baal podrán clamar a su dios para que envíe fuego que consuma su ofrenda. Yo clamaré a Dios para que haga lo mismo. El que responda con fuego es el verdadero Dios".

El duelo

Los profetas de Baal
invocaron a Baal desde la
mañana hasta el mediodía,
pero no venía fuego.

"¡Griten más fuerte!"
—exclamó Elías—. "¡Tal
vez Baal está dormido!"

Entonces Elías
preparó el altar del
Señor. Sobre el altar puso
el buey y derramó agua.
Después de esto ¿cómo
era posible que se
quemara?

Elías oró: "Oh
Señor Dios, te

pido que le muestres a este pueblo que tú eres el Dios verdadero. Ayúdalos a conocerte y adorarte otra vez".

De repente, Dios envió fuego que quemó el buey sobre el altar y toda el agua alrededor. ¡Todos estaban asombrados! Se postraron en tierra y exclamaron: "¡El Señor es Dios!"

Dios envió fuego y demostró ante el rey Acab que Él era el Dios verdadero.

115

Elías escucha la voz de Dios

La esposa del rey Acab estaba furiosa con Elías. Él huyó otra vez y se escondió en una cueva.

Mientras estaba escondido en la cueva, Elías oyó la voz de Dios.

—¿Qué haces, Elías? —le preguntó Dios.

—Yo soy el único que te adora —respondió Elías—. Y ahora tratan de matarme.

—Anda y párate en la montaña —le dijo Dios—, porque pronto el Señor pasará por ahí.

Un viento recio azotó las montañas con tanta fuerza que las rocas se resquebrajaron. Pero Dios no estaba en el viento.

Luego hubo un gran terremoto. Pero Dios no estaba en el terremoto.

Luego hubo un gran fuego. Pero Dios no estaba en el fuego.

Por último, se escuchó un silbo delicado. Cuando Elías lo escuchó, cubrió su rostro con su manto y se quedó en la entrada de la cueva. Dios estaba en el silbo delicado.

La muerte de Elías

Elías escogió a Eliseo para que fuera el siguiente profeta. Eliseo se convirtió en su ayudante y amigo cercano.

En los últimos días del profeta, Elías y Eliseo viajaban por un camino desde Gilgal.

"No te dejaré" —dijo Eliseo a Elías.

De repente, apareció un carro de fuego y caballos de fuego. Elías subió al cielo en un torbellino.

Eliseo lo vio todo y exclamó: "¡Padre mío! ¡Padre mío! ¡Los carros y los jinetes de Israel!" Elías desapareció de su vista.

119

Eliseo sana a Naamán

Había un general del ejército de otro país llamado Naamán.

Naamán tenía una enfermedad que se llama lepra, que irritaba su piel y la ponía muy blanca. Ningún médico podía ayudarlo.

Él y su esposa cuidaban a una niña de Israel. La niña le contó a Naamán acerca de Eliseo.

"¡Él puede sanar a las personas!" —le dijo a Naamán.

Entonces Naamán viajó para ver a Eliseo. Pero Eliseo no salió a ver a Naamán.

Solo le mandó un extraño mensaje:
"Lávate siete veces en el río Jordán. Así te
sanarás".

Naamán no estaba seguro de hacerlo,
pero al fin hizo lo que Eliseo le mandó. Se
lavó siete veces en el río... ¡y su piel sanó
por completo!

Naamán le agradeció a
Eliseo y alabó a Dios por
haberlo sanado.

Daniel en un país extranjero

El rey Nabuconodosor de Babilonia
llevó prisionero al rey de Judá y robó
los tesoros del gran templo de
Jerusalén.

También ordenó que
llevaran a Babilonia a algunos
de los jóvenes más guapos
de Israel. Él llevó a Daniel y
a tres amigos suyos, a
quienes puso los nombres
de Sadrac, Mesac y Abed-
nego.

Nabuconodosor quería
que ellos estudiaran en su

corte durante tres años, que aprendieran todo acerca de Babilonia y estudiaran libros llenos de conocimiento. Después de esto servirían al rey.

El rey quería ofrecerles a los jóvenes comida y bebida, pero ellos se negaron a comer porque el rey lo había ofrecido antes a otros dioses. En cambio, solo comieron vegetales y bebieron agua.

Daniel y sus amigos estaban muy lejos de casa. Pero oraron a Dios y trabajaron duro. En poco tiempo llegaron a ser los hombres más sabios e inteligentes de Babilonia.

El sueño del rey

El rey Nabucodosor tuvo una terrible
pesadilla. Ninguno de sus sabios pudo
explicar el significado de su sueño. El rey
estaba muy enojado. Amenazó con matar
a todos sus sabios si no podían ayudarlo.

Entonces Daniel le pidió a Dios que le
mostrara el sueño del rey y su significado.

Al día siguiente, se presentó ante el rey
y le explicó lo que Dios le había mostrado.
El rey había visto una enorme estatua con
cabeza de oro, pecho y brazos de plata,
cuerpo de bronce, piernas de hierro y pies
de barro. Una piedra que cayó de la
montaña golpeó los pies y los destrozó, y
toda la estatua cayó y se volvió pedazos.

124

—Su majestad —dijo Daniel—. Usted es un gran gobernante, pero después de usted vendrán tres reinos más. Después de eso, Dios establecerá un reino que nunca pasará.

El rey inclinó su cabeza.

—Ahora creo que tu Dios está por encima de todos los dioses —dijo.

El horno ardiente

El rey Nabuconodosor ordenó que todos se inclinaran delante de su gran estatua dorada. Pero Sadrac, Mesac y Abed-nego, los amigos de Daniel, se negaron a hacerlo.

—¡Entonces arrójenlos al horno ardiente! —ordenó el rey enfurecido.

—Dios nos salvará —dijeron Sadrac, Mesac y Abed-nego.

El rey mandó que sus hombres calentaran el horno siete veces más de lo normal. Los soldados ataron a Sadrac, Mesac y Abed-nego, y los lanzaron al horno.

El rey observaba.

Al rato exclamó: "¡Miren! ¡Hay cuatro hombres en el horno! ¡Todos caminan y las llamas no les hacen daño! ¡El cuarto hombre parece un Dios!"

El rey mandó que sus soldados los dejaran salir. Ellos no se habían quemado, ni siquiera un poco. ¡Dios los salvó en verdad!

¡A los leones!

El rey Darío estaba muy preocupado. Lo habían engañado para firmar una nueva ley que prohibía orarle a otro que no fuera el rey. Pero Daniel solo oraba a Dios. El rey Darío apreciaba mucho a Daniel. Sin embargo, tenía que cumplir su nueva ley. Esto significaba que Daniel sería arrojado al foso de los leones.

"¡Que tu Dios te salve!" —le gritó a Daniel. Rodaron una piedra muy pesada para tapar la entrada del foso.

Angustiado, el rey no pudo dormir aquella noche.

A la mañana siguiente, fue al foso de los leones.

—¿Estás vivo? —le gritó a Daniel.

—¡Sí! ¡Estoy vivo y bien, su majestad! —contestó Daniel—. Dios envió un ángel que cerró la boca de los leones.

El rey Darío estaba alegre y ordenó que todos adoraran a Dios.

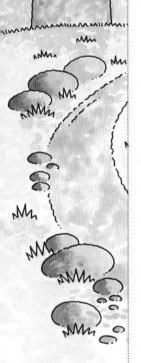

Jonás huye de Dios

"¡Ve a Nínive!" —le ordenó Dios a Jonás.

Dios estaba enojado con la gente de Nínive porque se habían olvidado de Él.

Pero Jonás no quería comunicarles el mensaje de parte de Dios. Se subió en un barco y navegó hacia un lugar lejano en dirección contraria. Intentaba escapar de Dios.

Pero Jonás no pudo esconderse mucho tiempo.

Dios envió una fuerte tormenta. Los marineros del barco pensaron que todos se ahogarían.

"¡Es mi culpa!" —exclamó Jonás—. "¡Yo traté de huir lejos de Dios! ¡Tienen que arrojarme al mar!"

Al principio los marineros no querían lanzar a Jonás al mar. Pero la tormenta empeoró y estaban en grave peligro. Así que lanzaron a Jonás fuera del barco.

Tan pronto Jonás cayó en el mar profundo, cesó la tormenta.

131

Jonás y el gran pez

Sin embargo, Dios salvó a Jonás y no dejó que se ahogara.

Envió un pez enorme que se lo tragó. Dentro del pez, Jonás oró a Dios.

"¡Gracias por salvarme!" —oró—. "Eres un gran Dios".

Jonás permaneció dentro del pez tres días y tres noches. Adentro estaba muy

132

oscuro y olía mal. Después, el pez vomitó a Jonás sobre la playa.

"¡Ahora, ve a Nínive!" —le dijo Dios.

Esta vez, Jonás hizo todo lo que Dios le mandó.

Dios quería mostrarle su amor a todos los habitantes de Nínive. Les dio la oportunidad de pedir perdón por todo lo malo que habían hecho y los perdonó.

El Nuevo Testamento

Un ángel visita a María

Dios envió al ángel Gabriel a un pequeño pueblo llamado Nazaret. Vino a darle unas noticias maravillosas a una joven llamada María.

—¡María! —dijo Gabriel—. ¡No tengas miedo! Dios te ha escogido. Tendrás un hijo y lo llamarás Jesús. Él será muy grande. Se llamará el Hijo de Dios. ¡Su reino durará para siempre!

María estaba asustada y asombrada, pero le respondió al ángel: —Yo soy la sierva de Dios. Que todo se cumpla como tú has dicho.

María cantó alabanzas a Dios por haberla escogido para ser la madre del Hijo de Dios.

El viaje a Belén

María estaba comprometida para casarse con José, un carpintero de Nazaret.
La familia de José era de la ciudad de Belén, a

muchos kilómetros de allí.

Poco antes de que naciera el bebé de María, José tuvo que viajar a Belén para que el gobernador romano lo anotara en la lista de habitantes. María también tuvo que ir.

Fue un viaje largo y agotador. José caminaba delante y María detrás. Un burro llevaba la pequeña maleta con ropa y agua.

María estaba muy cansada. Su bebé no tardaría en nacer.

¿Cuándo llegarían a Belén?

No hay lugar en el mesón

Por fin María y José vieron a lo lejos los techos de las casas de Belén.

Estaban agotados después de su largo viaje.

Pero al llegar a Belén, ¡no había lugar dónde quedarse!

María estaba muy angustiada, porque su bebé estaba a punto de nacer. José tocó muchas puertas en la ciudad, en busca de una habitación donde pudieran dormir aquella noche.

Al final, un mesonero les

dijo que podían quedarse en
la parte trasera de su casa
donde dormían los animales.
No había cama, pero al menos la paja
estaba seca y tibia.

141

Jesús nace

Llegó el momento en que María tendría a su bebé. Y dio a luz a su pequeño hijo.

María lo llamó Jesús, como el ángel Gabriel le había indicado.

Con cariño, María envolvió al bebé en pañales y lo puso en la suave paja de un pesebre.

142

Los animales rumiaban su comida y descansaban entre la paja. María contemplaba a su pequeño hijo. Parecía tan pequeño e indefenso. ¡Pero el ángel Gabriel dijo que Él era el Hijo de Dios!

Ángeles visitan a los pastores

En las montañas cerca de Belén unos pastores cuidaban sus ovejas. De repente brilló una poderosa luz en el cielo. ¡Era un ángel!

"¡No tengan miedo!" —dijo—. "Vengo a traerles buenas noticias. Esta noche ha nacido un bebé en Belén. ¡Es Cristo el Señor!

Encontrarán al niño envuelto en pañales acostado en un pesebre. ¡Vayan a verlo!"

Los pastores no podían hablar, ¡estaban muy asustados y sorprendidos a la vez!

Después, muchos ángeles aparecieron en el cielo y cantaban: "¡Gloria a Dios en las alturas, y en la tierra paz a los hombres!"

Fue algo hermoso.

Los pastores visitan a Jesús

"¡Rápido!" —gritaron los pastores—. "¡Debemos ir ahora mismo a Belén para ver al bebé del que Dios nos habló!"

Corrieron por todo el pueblo en busca del niño recién nacido.

"¿Hay un bebé aquí?" —le preguntaron al mesonero.

El mesonero llevó a

los pastores hasta la parte trasera de la casa, donde dormían los animales. Allí encontraron a María y a José. En un pesebre, envuelto en pañales, estaba el bebé recién nacido: Jesús, el Salvador.

Los pastores vieron al tierno bebé y sintieron una gran felicidad en sus corazones.

Luego regresaron a cuidar sus ovejas y alababan a Dios por todo lo que habían visto. Todo se cumplió tal como el ángel había dicho.

Hombres sabios ven una nueva estrella

Cuando Jesús nació en Belén, hombres sabios de países muy lejanos de oriente avistaron una estrella muy brillante en el cielo.

—¡Seguro que nació un nuevo rey! —dijo uno de los sabios.

—¡Vamos a buscarlo! —dijo otro.

Así que

escogieron regalos especiales para llevarle, emprendieron el viaje y siguieron la estrella.

Viajaron por desiertos, montañas y valles para encontrar al nuevo rey.

149

Siguiendo la estrella

Los hombres sabios fueron al palacio del rey Herodes.

"¿Sabe dónde está el nuevo rey que ha nacido?" —le preguntaron al rey.

El rey Herodes estaba celoso. Él quería ser el único rey.

Le pidió a los jefes de los sacerdotes y a los maestros de la ley que le explicaran lo que estos sabios contaban.

"Las Escrituras dicen" —afirmó un maestro—, "¡que un rey nacería en Belén!"

Herodes comenzó a hacer planes.

"¡Vayan y encuentren al bebé en Belén!" —le dijo a los sabios—. "Pero por favor, regresen y cuéntenme dónde está, para que yo también pueda adorarlo".

Jesús en el templo

Cuando Jesús tenía apenas un mes de nacido, María y José lo llevaron al templo de Jerusalén. Ellos querían darle gracias a Dios.

Llevaron dos palomas para ofrecer en el templo.

En el templo había un hombre muy anciano llamado Simeón, que toda su vida había esperado ver al Salvador. Simeón vio a María y supo de inmediato que su bebé era ese niño que tanto había esperado.

Tomó a Jesús en sus brazos y le dio gracias a Dios:

152

"Señor Dios, ahora puedo irme en paz, porque he visto al Salvador, el que traerá luz a todo el pueblo de Dios".

Regalos para el pequeño rey

Los sabios siguieron la estrella todo el camino hasta Belén, donde encontraron a Jesús con su madre María. Estaban muy alegres de verlo. Se postraron ante Él y lo adoraron.

Luego sacaron de sus alforjas regalos muy finos y se los dieron a Jesús: Oro,

incienso y mirra.

En un sueño, Dios les advirtió a los sabios que no volvieran al rey Herodes, así que regresaron a su casa por otro camino. Además, Dios previno a José para que llevara a María y al bebé Jesús a Egipto, donde estarían a salvo del rey Herodes.

155

Jesús se pierde

Cuando Jesús tenía doce años, fue a la ciudad de Jerusalén para la fiesta de la Pascua.

Al cumplirse el tiempo de regresar a casa, María y José no veían a Jesús, pero

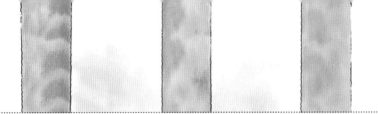

pensaron que estaba con sus amigos jugando. Entonces María comenzó a preocuparse y regresó a Jerusalén para buscar a Jesús.

Tres días después, María y José lo encontraron. Estaba en el templo y hablaba con los maestros. Todos estaban asombrados. ¡Jesús sabía tanto acerca de Dios!

—¡Hijo mío! ¡Hemos estado tan angustiados! —exclamó María.

—Mamá —le respondió Jesús—, ¿no sabías que debo estar aquí, en la casa de mi Padre?

Jesús es bautizado

Juan el Bautista le hablaba a las personas acerca de Dios. Les dijo que debían pedir perdón por sus malas acciones. En seguida, Juan los bautizaba en las aguas del río Jordán como señal de que Dios limpiaba sus pecados.

Cuando Jesús tenía unos treinta años, vino a ver a Juan en la ribera del río.

"Quiero que me bautices en el río" —señaló Jesús.

Juan estaba muy sorprendido. Jesús nunca había hecho algo malo y Juan pensaba que no necesitaba ser bautizado. Pero él

hizo lo que Jesús le pidió.

Cuando Jesús salió del río, el Espíritu Santo vino sobre Él en forma de una paloma y una voz del cielo dijo: "Este es mi Hijo, que me hace muy feliz".

Era la voz de Dios.

Jesús en el desierto

Después que Jesús fue bautizado, se dirigió al desierto. No comió durante cuarenta días y cuarenta noches. Cuando sintió mucha hambre, el diablo vino y lo tentó.

Primero el diablo trató de convencer a Jesús de que convirtiera unas piedras en pan para comer. Luego, Jesús fue llevado a la parte más alta del templo y el diablo le dijo que se

lanzara para que los ángeles lo rescataran. Por último, el diablo ofreció darle a Jesús todos los reinos de la tierra si solo se inclinaba y lo adoraba. Pero Jesús no cedió.

"¡Aléjate de mí!" —le ordenó Jesús.

Jesús le recordó al diablo las palabras de las Escrituras hasta que se fue y lo dejó solo. Después, los ángeles vinieron para acompañar a Jesús.

La boda en Caná

A Jesús lo invitaron a una boda en Caná. Había una gran fiesta. Todos estaban muy felices. De repente, el vino comenzó a acabarse.

"Tienes que hacer algo" —le dijo María, la madre de Jesús.

Pero Jesús ya sabía lo que Dios quería de Él en ese momento.

Mandó que los criados llenaran con agua seis grandes tinajas de piedra. Luego pidió que las llevaran al hombre encargado de la fiesta. Cuando el hombre lo probó, se alegró mucho.

"¡Qué extraño!" —dijo el hombre—. "Casi

siempre las personas sirven el mejor vino primero, pero aquí dejaron el mejor vino para el final".

¡Él no sabía que en realidad Jesús había convertido el agua en vino!

163

Jesús llama a los discípulos

Un día Jesús le hablaba a una gran multitud a la orilla del lago de Galilea. Les hablaba acerca del reino de Dios.

Jesús vio dos barcos de pescadores en la orilla. Subió a un barco que le pertenecía a Simón y habló a la multitud desde allí.

Al terminar de hablar, Jesús le indicó a Simón que llevara el barco hasta el agua profunda y echara las redes.

"Hemos trabajado toda la noche" —dijo Simón—, "y no hemos pescado ni una sardina. Pero si tú lo dices, yo lo haré".

Entonces lo hicieron, ¡y sus redes se llenaron de peces hasta desbordarse!

A Simón le pareció increíble. Sus

164

compañeros Jacobo y Juan tampoco podían creerlo.

"No se asusten" —dijo Jesús—, "síganme. Yo los haré pescadores de hombres".

Los pescadores dejaron sus redes y siguieron a Jesús.

Jesús sana a un paralítico

Jesús estaba en una casa hablando con los maestros de la ley. De repente, ¡escucharon un ruido que venía de arriba y vieron cómo aparecía un gran hueco en el techo!

Alguien se asomó por la abertura y los que estaban dentro de la casa vieron que a través de ella bajaban a un hombre sobre una camilla. El hombre no podía caminar y anhelaba ver a Jesús. Sus amigos no pudieron entrarlo por la puerta porque había demasiada gente, así que lo subieron e idearon otra forma de llevarlo adentro ¡por el techo de la casa!

Jesús miró al hombre con bondad.

"Tus pecados son perdonados" —dijo—. "¡Párate! Toma tu camilla y anda".

De inmediato el hombre se paró y caminó hasta su casa con sus piernas fuertes, dándole gracias a Dios por lo que Jesús había hecho.

Jesús y el
cobrador de impuestos

Mateo era un cobrador de impuestos. Todo el mundo detestaba a los cobradores de impuestos, así que Mateo se sentía casi siempre solo y desdichado.

Jesús se detuvo para hablarle a Mateo mientras se sentaba en el lugar donde siempre cobraba los impuestos.

"¡Ven y sígueme!" —le dijo amable.

Mateo se puso de pie y se fue con Jesús.

Ese día, Mateo organizó en su casa una gran cena para Jesús. Invitó a otros cobradores de impuestos y amigos.

Algunos maestros de la ley murmuraban entre sí.

—¿Por qué come y bebe con esa gente? —preguntaron.

Jesús escuchó lo que decían.

—No son los sanos lo que necesitan un médico —les respondió Jesús—, sino los que están enfermos. Vayan y piensen lo que esto significa.

Jesús quería que todos supieran que podían venir a Dios y recibir su amor.

El edificador sabio y el necio

Una vez Jesús contó esta historia:

"Cualquiera que oye mis palabras y hace lo que yo digo es como un hombre sabio que edificó su casa sobre una roca.

"La lluvia cayó, el viento sopló con fuerza, los ríos crecieron y trataron de llevarse la casa. Pero el hombre había construido su casa sobre un cimiento firme. Ni siquiera se movió.

"Pero si ustedes no escuchan lo que yo digo, son como un hombre necio que edificó su casa sobre la arena.

"La lluvia cayó, el viento sopló duro, los ríos crecieron y trataron de arrastrar la

casa. La casa se cayó ¡y fue un gran desastre!"

171

El criado del soldado

Las multitudes seguían a Jesús por todas partes. Esperaban ver lo que Él hacía por los enfermos o los ciegos. ¡Él hacía cosas asombrosas!

Un día, un soldado romano vino a Jesús en busca de ayuda.

—Mi criado está muy enfermo —dijo—. Está demasiado enfermo para salir de la casa.

—Entonces iré a tu casa para sanarlo —respondió Jesús.

—No, no —dijo el oficial—. Yo sé que estás muy ocupado. Pero

si tan solo dices la palabra, yo sé que él sanará.

Jesús se alegró mucho al ver que el oficial confiaba en Él.

—Entonces, ve a casa —dijo Jesús—. Lo que creíste se hará.

El oficial corrió de vuelta a su casa. ¡Se puso muy feliz al ver que su criado ya estaba sano!

El sembrador

Jesús le contó esta historia a una gran multitud junto al lago de Galilea:

"Un hombre salió a sembrar su semilla. Algunas semillas cayeron en el camino, donde las aves vinieron y se las comieron. Otras semillas cayeron en terreno pedregoso donde

174

no podía crecer el grano.

"Otras semillas cayeron entre espinos, que ahogaron las plantas.

"Pero unas semillas cayeron en buena tierra. Las plantas crecieron y produjeron mucho grano. Hubo una gran cosecha".

Jesús explicó el significado de la historia.

Dios es el sembrador. La semilla es su mensaje. Algunas personas oyen el mensaje de Dios pero lo olvidan. Otras intentan seguir a Dios pero lo abandonan cuando vienen las dificultades.

Otras personas se enredan demasiado con afanes, dinero y toda clase de preocupaciones.

Pero otras son como la buena tierra donde las semillas pueden crecer y brotar: Escuchan el mensaje de Dios, lo siguen y viven para Él.

176

El tesoro escondido

Jesús contó otra historia acerca de cómo es el reino de Dios:

"Un hombre encontró un tesoro escondido en un campo. ¡Era muy hermoso! Brillaba a la luz del sol y el hombre quería conservarlo.

"Así que el hombre fue y vendió todo lo que tenía, ¡hasta su ropa! Con el dinero que obtuvo, compró el campo donde estaba el tesoro. ¡Ahora el tesoro le pertenecía! ¡Estaba muy feliz!"

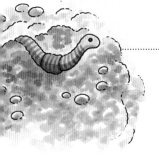

177

Jesús calma la tormenta

Un día, Jesús y sus amigos subieron a un barco y navegaban en el lago. Aquel día habían estado muy ocupados y Jesús estaba cansado.

De repente, se desató una feroz tormenta. El barco se sacudía como un trozo de madera y olas inmensas lo azotaban. ¡Los discípulos tenían miedo de hundirse! Pero Jesús dormía.

—¡Sálvanos, Señor! —le gritaron a Jesús.

—¿Por qué tienen tanto miedo? —preguntó Jesús al despertarse.

Entonces Jesús se levantó y le ordenó al viento y a las olas que se calmaran. La tormenta cesó. Todos estaban asombrados.

"¡Hasta el viento y las olas le obedecen!" —dijeron.

La hija de Jairo resucita

Un día, cientos de personas se agolpaban alrededor de Jesús.

"¡Ayúdame por favor! —rogaba un hombre llamado Jairo—. Mi hija está muy enferma".

De camino a la casa de Jairo, las personas no dejaban avanzar a Jesús.

Entonces llegó alguien de la casa de Jairo y se acercó a Jesús.

—Es demasiado tarde —dijo—. ¡La hija de Jairo ya murió!

—No te preocupes —animó Jesús a Jairo—. Solo cree y ella estará bien.

Jesús fue a la casa con Jairo y tres de sus amigos. Todos en la casa lloraban y sentían mucha tristeza y dolor.

—¡No se angustien! —dijo Jesús—. Ella no está muerta. Solo está dormida.

Tomó a la niña de la mano y le dijo: "¡Levántate!"

Ella volvió a la vida y se sentó.

"Denle algo para comer" —mandó Jesús.

Jairo y la madre de la niña estaban muy alegres al ver a su hija viva otra vez.

Jesús alimenta a cinco mil personas

Jesús enseñaba a una gran multitud de hombres, mujeres y niños. Todo el día habían estado con Él para escucharlo y tenían hambre.

Jesús quería darles de comer.

—¿Dónde podemos comprar comida

182

para todas estas personas? —preguntó a sus amigos.

—¡Necesitaríamos más de doscientas monedas de plata para comprar lo suficiente! —respondió Felipe.

—Aquí hay un niño —dijo Andrés—, y dice que está dispuesto a compartir su almuerzo. Pero solo tiene cinco panes y dos pescaditos.

Jesús tomó la comida, le dio gracias a Dios ¡y luego la repartió a todos!

Nadie se fue con hambre. Jesús les dio suficiente para comer ¡y hasta quedaron doce canastas llenas de lo que sobró!

El buen samaritano

Una vez, un hombre le preguntó a Jesús: "¿Quién es mi prójimo?"

Jesús le contó esta historia:

"Un día, yendo de viaje de Jerusalén a Jericó, a un hombre lo atacaron y lo dejaron como muerto.

"Al cabo de un rato, un sacerdote que viajaba por el mismo camino vio al hombre herido tirado junto al camino. Pero pasó de largo.

"Luego pasó un hombre que trabajaba en el templo. ¡Pero tampoco se detuvo a ayudarlo!

"Al fin, un hombre de Samaria pasó por el camino. Él curó las heridas del hombre que estaba lastimado, lo subió a su burro y lo llevó hasta un mesón, donde le pagó al

mesonero para que lo cuidara hasta que se recuperara".

—¿Quién fue el prójimo del hombre herido? —le preguntó Jesús.

—El que lo ayudó —contestó el hombre.

El hombre de los graneros

Jesús contó esta historia:

"Había una vez un hombre joven que era muy rico. Almacenaba sus cosechas en un granero. Cuando el granero se llenó demasiado, pensó construir graneros más grandes. Entonces se dijo: 'Ya he almacenado riquezas por muchos años. Comeré, beberé y descansaré'.

"Pero Dios le dijo: ¡Tonto! Esta noche ya no estarás vivo. ¿Quién se quedará entonces con toda tu riqueza?"

Jesús dijo: "Esto le sucederá a cualquier persona que es codiciosa y acumula cosas para sí, pero le da muy poco a Dios".

187

Jesús camina sobre el agua

Un día, los amigos de Jesús salieron en un bote para cruzar el lago y llegar a Capernaum. Un viento tempestuoso soplaba y el agua del lago estaba agitada. Los hombres persistían en remar, pero estaban asustados.

De repente, vieron que Jesús se aproximaba. ¡Estaba caminando sobre el agua! No podían creer lo que veían y tenían mucho miedo.

"No tengan miedo" —dijo Jesús—. "Ustedes me conocen, soy su amigo, Jesús".

¡Solo Jesús tenía poder para andar sobre el agua!

Ellos invitaron a Jesús a subir al barco. Pronto el barco llegó a la orilla y todos estuvieron seguros.

La oveja perdida

Una vez, Jesús contó esta historia acerca de un pastor:

"Había un pastor que tenía cien ovejas. Él las cuidaba y las defendía de los animales salvajes.

"Un día, el pastor se dio cuenta de que faltaba una oveja. Así que salió a buscar a su oveja perdida. Dejó a las otras noventa y nueve ovejas en el redil.

"Miró por todas partes, detrás de los arbustos y de las rocas. ¿Dónde estaría la oveja?

"De repente, el pastor escuchó un balido muy débil. ¡Encontró su oveja perdida!

"La tomó con cariño y la llevó a casa sobre sus hombros.

"Estaba tan feliz de haber encontrado a su oveja perdida que invitó a todos sus vecinos a una fiesta".

"Dios es como ese pastor" —dijo Jesús—. "Si una sola de sus ovejas se pierde, Él se preocupa por ella".

El hijo pródigo

Una vez Jesús contó una historia acerca de un hijo que abandonó su casa y se llevó la parte de la herencia que le correspondía:

"El padre amaba a su hijo y estaba muy triste.

"El hijo se divirtió y gastó muy rápido todo el dinero. Después ya nadie quería ser su amigo. Tuvo que buscar un trabajo, alimentar cerdos y padecer mucha hambre.

"Tengo que volver a mi padre, y trabajaré en su granja —pensó.

"Estando ya cerca de su casa, vio que su padre corría hacia él. Su amado hijo había regresado. ¡Estaba muy feliz!"

"Dios es como ese padre" —explicó Jesús—. "Desea perdonar a todo el que viene a Él y le pide perdón".

193

El joven rico

—¿Qué debo hacer para vivir con Dios para siempre? —le preguntó un joven rico a Jesús.

—Debes cumplir con lo que Dios te ordena en los Diez Mandamientos —respondió Jesús.

—Eso he hecho toda mi vida —dijo el joven.

—Entonces vende todo lo que tienes y entrégalo a los pobres —dijo Jesús—. Ven y sígueme.

El joven se puso muy triste, porque era muy rico.

Jesús dijo: "Es difícil para los ricos entrar en el reino de Dios. ¡Es más fácil que un camello pase por el ojo de una aguja!"

El hombre con lepra

Jesús fue con sus amigos a un pueblo cercano. Allí encontraron a un hombre que sufría una terrible enfermedad de la piel llamada lepra. Toda su piel se había vuelto de color blanco. Nadie se acercaba a ese hombre. Estaba muy solo.

Cuando el hombre vio que Jesús venía, se lanzó a sus pies.

—Señor, si quieres puedes sanarme —dijo llorando.

Jesús puso su mano sobre el hombre.

—Sí, yo quiero que estés bien —dijo Jesús—. ¡Sánate!

De inmediato ¡la piel del hombre recuperó el color normal y quedó

completamente sano!

Jesús le pidió que no contara lo que había pasado, sino que fuera al sacerdote.

"Anda y muéstrale que ya estás sano" —le dijo Jesús—, "y entrégale una ofrenda a Dios. Todos sabrán que Dios te sanó".

Las noticias acerca de Jesús se difundieron por todo el pueblo.

Jesús bendice a los niños

A las personas les gustaba presentar a sus hijos a Jesús para que Él los bendijera.

Jesús los recibía a todos con los brazos abiertos.

Pero a los amigos de Jesús eso les desagradaba.

"No lo molesten con los niños" —les decían a los padres y madres que traían sus niños a Jesús.

Jesús escuchó lo que decían y se enojó.

"¡Dejen que los niños vengan a mí!" —dijo—. "¡No los detengan!

"Mi reino le pertenece a quienes son como estos niños. Ustedes nunca entrarán en el reino de Dios si no entran como niños".

Jesús sana a un ciego

Un día, le presentaron a Jesús a un hombre ciego. Ellos querían que Jesús lo ayudara a recuperar la vista.

Jesús salió de la aldea con el hombre. Luego escupió en los ojos del ciego y los tocó suavemente.

—¿Ya puedes ver? —le preguntó Jesús.

—Puedo ver personas, pero las veo borrosas, como árboles que caminan.

Entonces Jesús puso de nuevo sus manos sobre los ojos del hombre. ¡Esta vez el hombre abrió sus ojos y pudo ver perfectamente! Estaba maravillado al ver el mundo lleno de colores y el rostro amable de Jesús.

Zaqueo

Jesús pasaba por Jericó. Allí vivía un hombre llamado Zaqueo. Era un hombre muy rico y trabajaba como cobrador de impuestos en esa ciudad.

Zaqueo no era un hombre muy alto. Supo que Jesús venía, pero era muy bajo para ver sobre las cabezas de la multitud. Entonces se trepó a un árbol para ver a Jesús.

Estando en el árbol, Jesús lo llamó: "Zaqueo,

202

¡baja! Quiero ir a tu casa hoy".

Zaqueo estaba muy contento de recibir a Jesús en su casa.

En cambio, otras personas comenzaron a criticar: "¡Zaqueo es un hombre malo! ¿Por qué Jesús quiere comer con él?"

Zaqueo le dijo después a muchas personas que iba a cambiar y nunca sería el mismo:

"Quiero entregar la mitad de todo lo que poseo a los pobres. Si engañé a alguien, le pagaré cuatro veces más".

203

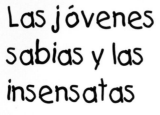

Las jóvenes sabias y las insensatas

Una vez, Jesús contó una historia acerca de diez jóvenes en una boda:

"Había diez jovencitas que debían encontrarse con el novio de camino a la boda. Llevaban lámparas de aceite para alumbrar el camino. Pero el aceite de las lámparas se agotaba muy rápido.

"Cinco de ellas se

acordaron de traer más aceite. Pero las otras
cinco lo olvidaron. Sus lámparas se apagaron
y tuvieron que ir a comprar más.

"Mientras estaban lejos, llegó el novio. Las
cinco jovencitas cuyas lámparas brillaban lo
acompañaron a la boda. Y la puerta se cerró.

"Cuando por fin llegaron las otras cinco,
¡era demasiado tarde para entrar a la boda!"

Jesús dijo que debemos ser como las
jovencitas sabias y estar listos para recibirlo
cuando regrese.

Las monedas de la viuda

Jesús estaba en el templo de Jerusalén y observaba cómo la gente depositaba el dinero en la caja de las ofrendas. El dinero era una ofrenda a Dios.

Unos hombres ricos daban mucho dinero.

¡Pum! Las monedas retumbaron en la caja. Todas las personas se detenían y miraban. Los ricos se sentían muy orgullosos.

Entonces una viuda pobre se acercó con discreción a la caja de las ofrendas. Ella quería que nadie la observara. Solo tenía dos pequeñas monedas para darle a Dios.

¡Plin! Las dos moneditas cayeron en la caja sin hacer casi ruido.

La viuda se apartó en silencio. Jesús les dijo a sus amigos que se acercaran.

Él comentó: "Les digo que esa viuda pobre ha dado más que todos.

"Todos dieron lo que no necesitaban. En cambio, esta viuda le entregó a Dios todo lo que tenía".

Lázaro

Jesús tenía un buen amigo llamado Lázaro. Él vivía en un pueblo a varios kilómetros de distancia. Jesús se enteró de que Lázaro estaba enfermo. Sin embargo, cuando Jesús llegó a ese pueblo, Lázaro ya había muerto.

Jesús lloró. Fue a la tumba donde habían puesto el cuerpo de Lázaro. Ya había estado cuatro días en la tumba. Había una gran piedra que tapaba la entrada de la tumba.

Jesús mandó que unos hombres rodaran la piedra. Oró a Dios con voz fuerte:

"Gracias, Padre, porque escuchas mi oración".

Luego Jesús gritó: "¡Lázaro, sal de ahí!"

Lázaro salió de la tumba. Su cuerpo todavía estaba envuelto en lienzos y tenía uno que le cubría la cara, ¡pero estaba vivo!

Después de ver esto, muchos supieron que Jesús había sido enviado por Dios y creyeron en Él.

Una bienvenida para el rey

Jesús y sus amigos iban a Jerusalén para la fiesta de la Pascua.

Jesús envió primero a dos de ellos con esta instrucción: "Vayan a esa aldea y encontrarán a un burrito. Tráiganmelo. Digan que su maestro lo necesita".

Los dos amigos trajeron el burrito y pusieron sus mantos sobre él.

Jesús montó en él hasta la gran ciudad de Jerusalén.

210

Grandes multitudes vinieron para glorificar a Jesús, ponían sus mantos sobre el camino y agitaban ramas de palmera.

"¡Hosanna!" —gritaban.

Aclamaban y exaltaban a Jesús, su rey.

Jesús en el templo

Cuando Jesús estaba en Jerusalén, se dirigió al templo. Quería orar a Dios allí, lejos del bullicio y el alboroto de la ciudad.

Sin embargo, al entrar Jesús en el templo se enojó mucho. Había personas que vendían y compraban animales y palomas, y otras que cambiaban dinero. Todo el lugar se había convertido en un mercado ruidoso y maloliente, lo mismo que el resto de la ciudad.

Jesús volteó las mesas y las tiró al piso. Las palomas salieron volando. Las personas que estaban detrás de las mesas estaban escandalizadas. ¿Qué hacía Jesús?

"¡Han convertido el templo en una

cueva de ladrones!"
—exclamó Jesús—. "Está
escrito: ¡Mi casa será
llamada casa de
oración!"

Jesús quería
guardar el templo
como un lugar santo.
Pero esto disgustó a
muchos. Los jefes de
los sacerdotes y los
maestros de la ley
comenzaron a
planear cómo hacerle
daño a Jesús.

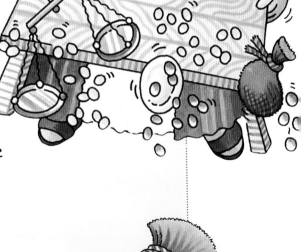

213

El regalo de María para Jesús

Poco antes de la fiesta de la Pascua, Jesús fue a comer a la casa de un amigo. Una mujer llamada María se acercó a Jesús con un frasco muy valioso en la mano. Era hecho de alabastro y contenía algo muy especial.

María abrió el frasco. El olor del perfume llenó todo el lugar. María trajo un perfume muy costoso para Jesús y lo derramó sobre su cabeza.

—¿Qué hace? —preguntó uno de los amigos de Jesús—. Es un desperdicio de dinero derramarlo de esa manera.

Jesús escuchó sus críticas.

—Déjenla —dijo Él—. Ella ha hecho algo hermoso.

215

Judas traiciona a Jesús

El jefe de los sacerdotes quería hacerle daño a Jesús, pero no sabía cómo capturarlo.

Judas Iscariote, que era uno de los amigos cercanos de Jesús, amaba mucho el dinero. Él ideó un plan para enriquecerse rápido.

Judas visitó al jefe de los sacerdotes.

—¿Cuánto me pagas si te entrego a Jesús? —le preguntó.

—Te daremos treinta piezas de plata —le dijeron.

—¡Trato hecho!

—acordó Judas.
Judas esperó la oportunidad para entregarles a Jesús. Ya no era amigo de Jesús. Era su enemigo.

Jesús lava los pies de sus amigos

Jesús sabía que le quedaba poco tiempo para estar con sus amigos. Él quería celebrar la cena de la Pascua con ellos por última vez.

Jesús se reunió con sus doce amigos en la habitación superior de una casa en Jerusalén.

Jesús tomó un recipiente con agua y comenzó a lavar los pies de sus amigos.

—¡No debes lavar mis pies! —dijo Pedro—. ¡Tú eres nuestro maestro, no nuestro siervo!

—Si no lo hago, no me perteneces —dijo Jesús.

—¡Entonces lava también mis manos y mi cabeza! —dijo Pedro.

Jesús lavó los pies de Pedro.

—Ahora que lavé sus pies —dijo Jesús—, ustedes también deben lavarse los pies unos a otros. Hagan lo mismo que yo.

219

La última cena

Después que Jesús terminó de lavar los pies de todos, se sentó a la mesa con sus amigos, listo para comer la cena de la Pascua. La cena era cordero, pan sin levadura, hierbas amargas y vino. Era un momento especial para recordar cómo Dios había salvado a Moisés y a los israelitas en Egipto hacía muchos años.

Jesús miró a todos sus amigos.

—Uno de ustedes va a entregarme para que me maten —dijo.

Sus amigos estaban asustados.

—¡Pues no soy yo! —dijeron todos.

Jesús ya sabía que sería Judas Iscariote.

Mientras comían, Jesús tomó el pan, lo partió y lo dio a sus amigos.

"Coman esto y acuérdense de mí"
—dijo Jesús—. "Esto es mi cuerpo".
En seguida tomó la copa de vino,
dio gracias a Dios por ella y
la pasó a sus amigos.

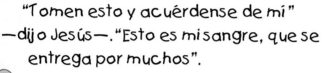

"Tomen esto y acuérdense de mí"
—dijo Jesús—. "Esto es mi sangre, que se
entrega por muchos".

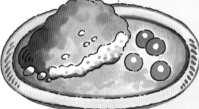

Los amigos de Jesús tomaron el vino.
Cantaron juntos y luego salieron al
Monte de los Olivos.

Getsemaní

Sobre el Monte de los Olivos había un huerto llamado Getsemaní. Jesús se arrodilló en ese lugar para orar a Dios. Él sabía que se acercaba el momento de morir. Estaba muy triste. Lágrimas corrían por sus mejillas mientras oraba a Dios, su Padre.

Jesús le pidió a sus amigos que lo acompañaran a orar. Pero ellos se quedaron dormidos.

"¿Por qué duermen?" —les preguntó—. "Despiértense y oren conmigo".

Jesús es arrestado

De repente, muchas
personas se acercaron
y Judas Iscariote las
acompañaba.
Soldados y jefes de los
sacerdotes venían
detrás de él. Judas se
acercó a Jesús para
besarlo. Era la señal
para que los soldados
identificaran a Jesús.

Uno de los amigos de
Jesús tomó una espada
¡y cortó la oreja de uno

de los siervos del sumo sacerdote!

"¡Deja esa espada!" —le dijo Jesús—. "Los que matan con la espada, a espada morirán. Es necesario que todo se cumpla de esta manera".

Jesús tocó la oreja del siervo y la sanó.

Jesús fue arrestado y llevado para presentarlo ante el sumo sacerdote.

227

Pedro niega que conoce a Jesús

Los otros amigos de Jesús estaban muy preocupados, en especial Pedro. Pocas horas antes Jesús le había advertido a Pedro:

"Antes de que el gallo cante esta noche, negarás tres veces que me conoces".

Pedro no comprendía esto. ¡Jesús era su

amigo! Le parecía imposible abandonarlo.

Sin embargo, mientras Pedro esperaba ver lo que pasaría con Jesús, unas mujeres se le acercaron y le preguntaron si era amigo de Jesús.

"No" —dijo Pedro—. "¡No sé de qué me hablan!"

Le preguntaron tres veces y siempre respondió: "¡No!"

Entonces un gallo cantó. Pedro recordó lo que Jesús había dicho.

Pedro se sintió muy mal y lloró con gran amargura. Él quería ser un buen amigo de Jesús, pero ahora lo había abandonado.

Jesús es llevado ante Pilato

Los soldados que vigilaban a Jesús fueron muy crueles con Él. Después lo llevaron ante Pilato, el gobernador romano.

—¿Qué mal ha hecho este

hombre? —le preguntó Pilato a la multitud.

—Provoca alborotos por todo el país —dijeron los jefes de los sacerdotes—. Dice que es un rey.

—¿Eres el rey de los judíos? —preguntó Pilato.

—Sí, tú lo has dicho —respondió Jesús.

—¿Qué debo hacer con Jesús? —le preguntó Pilato a la multitud.

—¡Crucifícalo! —gritó la gente.

Pilato no creía que Jesús hubiera hecho algo malo, pero quería complacer a la multitud. Así que entregó a Jesús a los soldados para que lo mataran. Los soldados vistieron a Jesús con una túnica púrpura y le pusieron una corona de espinas en la cabeza.

Jesús muere en una cruz

Los soldados llevaron a Jesús a un lugar llamado Gólgota. Allí fue clavado a una cruz. Sobre su cabeza había un letrero: "El rey de los judíos".

María, la

madre de Jesús, se quedó cerca
de Él y observaba.
¿Cómo podían
hacerle esto a su
precioso Hijo?
Tinieblas
cubrieron la
tierra. A la hora
novena, Jesús
exclamó con voz
fuerte a Dios y exhaló
por última vez. Jesús
murió.

Fue un día horrible.

Las mujeres encuentran la tumba vacía

El domingo temprano, al tercer día de que Jesús muriera, algunas mujeres fueron a su tumba con especias.

¡Pero qué susto sintieron al llegar! Habían removido la gran piedra que cerraba la entrada de la tumba.

¡La tumba estaba vacía!

¡Jesús vive!

El cuerpo de Jesús ya no estaba. Solo quedaron las vendas con que habían envuelto el cuerpo de Jesús.

De repente, aparecieron dos hombres con vestidos resplandecientes.

"No busquen a Jesús aquí" —dijeron—. "¡Está vivo!"

Las mujeres no podían creerlo.

Sin tardar,

corrieron a casa y
les contaron a los
amigos de Jesús.
En poco
tiempo todos
vieron a Jesús
otra vez. ¡Es
cierto! ¡Jesús sí
estaba vivo!

La pesca milagrosa

En los días siguientes, Jesús se apareció a sus amigos y les mostró que en realidad había resucitado.

Pedro y un grupo de discípulos estaban pescando en su bote. A la mañana siguiente, muy temprano, Jesús vino a verlos y permaneció en la playa. Estaba lejos y ellos no lo reconocieron.

—¿Todavía no han podido pescar? —gritó desde la orilla a los pescadores.

—¡No! —respondió Pedro.

—Entonces lancen la red por el otro lado del

238

bote —dijo Jesús—, ¡y pescarán mucho!

Los hombres hicieron lo que Jesús les dijo y en efecto, sus redes se llenaron tanto de peces frescos que casi se revientan.

240

Desayuno en la playa

"¡Es Jesús!" —exclamó Pedro.
Pedro y sus amigos sabían
que solo Jesús podía hacer
algo tan asombroso.

Jesús había encendido un
pequeño fuego en la playa
para asar los
pescados. También
tenía un poco de pan
para darles. Sus amigos
vinieron y se sentaron con
Él. Desayunaron juntos
en la playa. ¡Era
maravilloso estar
de nuevo con
Jesús!

241

Jesús regresa al cielo

Jesús vio a sus amigos muchas veces en los días siguientes.

"No se vayan de Jerusalén" —les dijo a sus discípulos—, "sino esperen el regalo que Dios ha prometido darles: El Espíritu Santo. Cuando Él venga, ¡podrán contarle a todo el mundo acerca de mí!"

Cuarenta días después, Jesús fue llevado al cielo. Ya no pudieron verlo porque una nube lo escondió.

Mientras los discípulos miraban al cielo, aparecieron dos hombres con vestidos blancos.

"¿Por qué miran al cielo?" —preguntaron a los discípulos—. "Jesús volverá un día del mismo modo que lo han visto irse".

El Espíritu Santo viene a los creyentes

Pocos días después, en el día de Pentecostés, todos los amigos de Jesús estaban reunidos en un lugar.

De repente se escuchó un ruido que parecía un fuerte viento que soplaba. El estruendo llenó toda la casa. Entonces aparecieron lenguas de fuego que parecían tocar a cada persona allí reunida. ¡Todos fueron llenos con el Espíritu Santo y comenzaron a hablar en toda clase de idiomas diferentes!

Había gente de muchos países en Jerusalén, pero todos podían escuchar a los amigos de Jesús hablar en los diferentes idiomas.

Pedro habla acerca de Jesús

Pedro se puso de pie y le habló a la multitud acerca de Jesús, de cómo había venido para mostrar el poder de Dios y hacer

maravillas, de cómo había sido crucificado y cómo Dios lo había resucitado de los muertos.

"Dejen de hacer el mal y pídanle perdón a Dios" —dijo Pedro—. "Bautícense en el nombre de Jesús y recibirán el Espíritu Santo".

Aquel día, ¡tres mil personas se unieron al grupo de amigos de Jesús! Muchas veces los seguidores de Jesús enfrentaron peligros. Pero Dios les ayudó para no tener miedo. Ellos anhelaban que en todas partes supieran las buenas noticias: Que Dios amó tanto al mundo que envió a su Hijo, Jesús, para salvarlos.

Dónde hallar las historias en la Biblia

Título del original: *My First Bible,* © 2005 por AD Publishing Services Ltd. y publicado por AD Publishing Services Ltd., 1 Churchgates, The Wilderness, Berkhamsted, Herts HP4 2 UB, Inglaterra.

© 2005 de las historia bíblicas por AD Publishing Services Ltd., Leena Lane.

© 2005 de las ilustraciones por Gillian Chapman.

Edición en castellano: *Mi primera Biblia,* © 2005 por AD Publishing Ltd., Leena Lane y Gillian Chapman y publicado por Editorial Portavoz, filial de Kregel Publications, Grand Rapids, Michigan 49501. Todos los derechos reservados.

Traducción: Nohra Bernal

EDITORIAL PORTAVOZ
P.O. Box 2607
Grand Rapids, Michigan 49501 USA

Visítenos en: www.portavoz.com

ISBN 0-8254-1383-4